Die

Reform des Strafrechts.

Von

Dr. L. v. Bar,
Professor an der Universität Göttingen.

Springer-Verlag Berlin Heidelberg GmbH 1903

ISBN 978-3-662-39361-1 ISBN 978-3-662-40415-7 (eBook)
DOI 10.1007/978-3-662-40415-7

Vorwort.

Die Vorbereitungsarbeiten zur Abfassung eines neuen deutschen Reichsstrafgesetzbuchs haben jetzt begonnen. Der hiermit dem Druck übergebene Vortrag — gehalten am 18. März 1903 in der Sitzung der internationalen Vereinigung für vergleichende Rechtswissenschaft und Volkswirtschaftslehre zu Berlin — erörtert allgemeine Gesichtspunkte, welche für diese Reform des deutschen Strafrechts in Betracht kommen mögen. Man wird namentlich darüber sich zu entscheiden haben, welche Einwirkung auf die neuen Gesetzesbestimmungen den Vorschlägen und Lehren der von Italien ausgegangenen, jetzt besonders in der internationalen kriminalistischen Vereinigung vertretenen, in fast allen Kulturstaaten nicht wenige Anhänger zählenden neuen Richtung oder Schule einzuräumen ist; denn diese neue Schule, welche man als anthropologisch-soziale bezeichnen kann, bricht mit der alten Tradition, welche in der Strafe in erster Linie eine Sühne der Tat erblickt, und erstrebt vielmehr nach Lage des Falles wesentlich oder doch vorherrschend entweder Besserung oder Unschädlichmachung des Verbrechers.

Es wird aber auch die Frage beantwortet werden müssen, ob nicht neben der Vorbereitung eines vollständigen neuen Strafgesetzbuchs alsbald die Abfassung und der Erlass einiger Spezialgesetze über Strafvollzug und Strafrecht wünschenswert sei. Denn allerdings, wenn es sich um ein vollständiges neues Strafgesetzbuch handelt, werden alle politischen, kirchlichen und sozialen Parteien voraussichtlich sich geltend machen, und der entstehende Kampf kann sehr leicht das ganze Gesetzgebungswerk in eine problematische Lage bringen. Will man Verbesserungen in einzelnen besonders wichtigen Punkten, über die eine Einigung schon jetzt möglich erscheint, deshalb unterlassen, weil man sie noch besser im Zusammenhange des vollständigen neuen Gesetzbuchs glaubt vornehmen zu können, so könnte in Bestätigung des alten Wortes, dass das Bessere sehr oft der Feind des Guten ist, noch für lange Jahre jede nennenswerte Besserung des gegenwärtigen Rechtszustandes hinausgeschoben sein.

In einem Anhange sind dem Vortrage einige Bemerkungen und Vorschläge über eine Anzahl wichtiger Spezialfragen hinzugefügt.

Göttingen, Ende März 1903.

Die Wissenschaft des Strafrechts ist gegenwärtig in gewissem Umfange international. Die verschiedenen Schulen dieser Wissenschaft sind daher auch international, und wie ausländische Gesetzgebung und Rechtswissenschaft bei der Reform des deutschen Strafrechts benutzt werden wird und benutzt werden muss, so wird auch diese Reform wiederum international auf die Gesetzgebungen anderer Staaten einwirken.

Diese Reform scheint in Fluss kommen zu sollen, da jetzt unter Förderung des Reichs-Justizamts ein Komitee zusammengetreten ist, welches dazu vorbereitende wissenschaftliche Arbeiten liefern wird. Das Komitee vereinigt in sich Mitglieder, welche der sogen. klassischen Schule, und Mitglieder, welche der neuen anthropologisch-sozialen Schule angehören. Die letztere, welche eine Zeit lang von dem Bankerott des gesamten bisherigen Strafrechts zu reden liebte, auch wohl die zur Zeit noch geltende Unterscheidung des Geisteskranken und des Verbrechers als ein demnächst zu überwindendes Vorurteil bezeichnete, ferner die Abschaffung der kurzzeitigen Freiheitsstrafen, sowie eine radikale Änderung der Abmessung der Geldstrafen als Teile ihres Programmes hervorhob, scheint einstweilen mit geringerem sich begnügen zu wollen, während Vertreter der klassischen Schule das Vorhandensein vieler und bedeutender Mängel des gegenwärtigen Strafrechts keineswegs leugnen, vielmehr die Möglichkeit einer Beseitigung solcher Mängel anerkennen. So scheinen beide Schulen zu gemeinsamer Arbeit sich vereinigen zu können. Das ist erfreulich, verbürgt aber noch nicht, dass Reform zustande gebracht werde, noch weniger, dass solche Reform in absehbarer Zeit ins Leben treten werde.

Zwar würde es verhältnismässig leicht sein, eine Einigung der Fachmänner über eine Anzahl nicht unwichtiger Einzelbestimmungen herbeizuführen, z. B. über eine umfassendere Zulassung der Feststellung mildernder Umstände, über eine Änderung der den modernen Verhältnissen teils nicht mehr entsprechenden, teils eine verkehrte Kasuistik enthaltenden Bestimmungen, betreffend den schweren Diebstahl. Aber wenn solche Verbesserungen, wie nicht unwahrscheinlich, dem Richter, allerdings unter Aufstellung leitender Gesichtspunkte, ein erheblich weitergehendes Ermessen, namentlich bei Bestimmung der Strafe einräumen würden, und wenn schon jetzt die bei den einzelnen Gerichten äusserst verschiedene Bemessung der Strafen als ein Übelstand empfunden wird und empfunden werden muss, so könnte doch die Frage nicht abgewiesen werden, ob jene Verbesserungen, da sie eine noch weitergehende Emanzipation der unteren Gerichte von der Einwirkung der oberen Gerichte in sich schliessen würden, nicht aus diesem Grunde Bedenken zu erregen geeignet wären, Bedenken, denen nur durch Zulassung einer Berufung in Ansehung der Straffrage[1]) selbst in den schwurgerichtlichen Fällen abgeholfen werden könnte. Schon hier zeigt sich, dass bei Bemessung des realen Wertes einer Reform des materiellen Strafrechts auch Rücksicht zu nehmen ist auf die Verwirklichung des Strafrechts mittels des Strafprozesses und der Gerichtsverfassung, eine Rücksicht, die oft ausser Augen gelassen wird.

Sofern man aber wirklich eine tiefer greifende Reform will, sofern man einerseits Besserung der einzelnen Verbrecher und andrerseits in den schlimmsten Fällen Sicherung der Gesellschaft vor ihren Feinden mehr als bisher erreichen will — und gerade dies sind berechtigterweise von der neuen Schule erhobene Forderungen — ist es unausweichlich, bevor man auf weiteres eingeht, den Charakter der einzelnen Strafarten genau festzustellen. Man muss, um die Wirkung der einzelnen Strafen auch nur entfernt ab-

[1]) Vergl. in diesem Sinne österreichische Strafprozessordnung §§ 283, 343.

schätzen zu können, wissen, wie denn die Gefängnis- oder Zuchthausstrafe in Wirklichkeit sich gestalten wird, und zwar muss man das um so mehr wissen, wenn die Strafe, um Besserung der einzelnen Verurteilten herbeizuführen, der Individualität derselben besser entsprechen soll. Dass es z. B. ganz verkehrt ist, jugendliche Verbrecher, d. h. zurechnungsfähige jugendliche Verbrecher nur zu kürzeren Freiheitsstrafen zu verurteilen, als in gleichen Fällen völlig Erwachsene zu erleiden haben würden, bedarf jetzt einer weiteren Begründung nicht mehr. Aber wenn man künftig jugendliche Personen, gerade weil ihr Verbrechen eine Folge mangelhafter oder fehlender Erziehung, schädlicher Einflüsse der Eltern war, einer längeren erziehenden, aber milderen Strafe unterwerfen will, dann muss doch eine tatsächliche Garantie für diesen Charakter der Strafe des jugendlichen Verbrechers bestehen, d. h. es muss wirklich schon Anstalten geben, die jener Anforderung entsprechen.

Nun kann man allerdings einwenden, es lasse doch ein Gesetzbuch sich auch hypothetisch in der Art herstellen, dass man von der Voraussetzung ausgehe, es seien die entsprechenden Strafanstalten vorhanden; die wirkliche Errichtung dieser Anstalten könne der Abfassung des Gesetzbuchs nachfolgen. Und leugnen lässt sich nicht, dass man früher diesen Weg, die Errichtung oder Verbesserung der Strafanstalten der Abfassung eines neuen Gesetzbuchs erst nachfolgen zu lassen, meistens beschritten hat.

Aber in jener Zeit dachte man nicht daran, eine tiefgreifende Reform gerade durch Anpassung der Strafe an die Individualität des Verbrechers zu bewerkstelligen; es war doch keine Rede davon, die Strafhaft nach Massgabe des Verhaltens des Sträflings, abgesehen etwa von dem ausserordentlichen Eingreifen der Begnadigungsgewalt, zu verkürzen oder gar in gewissem Umfange im richterlichen Urteile eine demnächstige Verlängerung vorzusehen, wie dies letztere auch schon vorgeschlagen worden ist.

Um so berechtigter muss gerade gegenwärtig das vom Reichstage wiederholt gestellte Verlangen nach dem Erlass eines deutschen Reichsstrafvollzuggesetzes erscheinen.

Die deutschen Regierungen haben darauf zwar eingewendet, dass bei dem Widerstreit der Meinungen über die Reform des Strafrechts und über die Einrichtung der Strafen ein Reichsgesetz, das die Erbauung und Einrichtung neuer Strafanstalten mit einem höchst bedeutenden Kostenaufwande erfordern wird, zur Zeit nicht angemessen sei. Verbesserungen im einzelnen im Wege der Verwaltung seien aber möglich und einstweilen vorzuziehen; sie würden nicht unterlassen.[1])

Indes wie das Beispiel anderer bedeutender Staaten beweist, ist dieser Einwand schwerlich haltbar. Der Streit über die letzten Gründe und Ziele des Strafrechts ist ein alter und über alle Kulturstaaten sich erstreckender; auch wird man schwerlich behaupten können, dass man im Auslande über alle und jede Einzelheiten des Strafrechts vollständig einig gewesen sei, als man die Reform des Strafvollzugs in Angriff nahm, und zwar in Angriff nahm im Wege der Gesetzgebung, so in England, in Belgien, in Schweden. Auch in Frankreich ist man in solcher Weise, wenn auch nur mit teilweisen Reformen des Strafvollzugs, vorgegangen, so mit dem Gesetze vom 5. Juni 1875, welches die Vollziehung kürzerer Gefängnisstrafen (unter Jahr und Tag) in Einzelhaft vorschreibt, mit dem Gesetze vom 26. März 1891 über die sogen. bedingte Verurteilung. Reformen im Wege nur der Verwaltung leiden jedenfalls an dem Übelstande, dass sie — zumal in einem Bundesstaate — meist doch nur unvollständig durchgeführt werden, dass sie jeder Zeit ins Stocken geraten oder auch nach dem Belieben und der Ansicht des zeitweiligen Chefs der Verwaltung geradezu unterbrochen und in ihr Gegenteil verwandelt werden können. Und wenn bis dahin, dass eine gesetzliche Regelung des Strafvollzugs eingetreten sein wird, eigentlich niemand ein wirkliches Recht hat, über die nur nominell einheitliche, in Wahrheit sehr verschiedenartige Vollstreckung der Freiheitsstrafen im Deutschen Reiche sich zu beschweren, da ja alles abhängt von dem guten Willen der verschiedenen Verwaltungen oder

[1]) In der Tat haben sich bekanntlich 1897 die deutschen Regierungen über eine Anzahl von Normen geeinigt, welche bei der Vollstreckung von Freiheitsstrafen beobachtet werden sollen (mitgeteilt i. d. Zeitschrift f. d. gesamte Strafrechtswissenschaft Bd. 18, S. 400—406). Diese Normen sind aber durchaus ungenügend, schon deshalb, weil sie fast immer nur unter Einschränkungen gelten sollen, welche dem Ermessen der Gefängnisvorstände gestatten, zahlreiche Ausnahmen zu machen, welche die Regel zu Ausnahmen gestalten können. Ausserdem muss sich die Durchführung stossen an der mangelhaften Beschaffenheit vieler Gefängnisse. Endlich aber entsprechen die Normen in mehrfacher Hinsicht Anforderungen nicht, welche man heute an einen zweckentsprechenden Strafvollzug prinzipiell stellen muss. — Vergl. darüber die treffenden Bemerkungen von Aschrott, Ztschr. f. Strafrechtswissenschaft Bd 18, S. 384.

den verschiedenen Einrichtungen der einzelnen Gefängnisse — so ist andrerseits jedenfalls eine Einigung über eine Anzahl höchst wichtiger Grundsätze des Strafvollzugs leichter herbeizuführen oder schon zu konstatieren, als demnächst eine Einigung über eine grosse Zahl anderer höchst wichtiger Sätze des Strafrechts. Warum also mit der Einführung jener wichtigen Grundsätze des Strafvollzugs im Wege des Gesetzes noch bis zu der weit aussehenden, vielleicht erst nach einem Menschenalter zustande zu bringenden Reform des gesamten Strafrechts warten?

Zu denjenigen Punkten, hinsichtlich deren schon jetzt eine Einigung kaum bestreitbar sein dürfte, rechne ich folgende:

1. Es muss eine Strafe bestehen, die sich darstellt als einfache Entziehung der Freiheit, ohne weitere, den Verurteilten besonders benachteiligende oder quälende Nebenumstände oder Nebenwirkungen, soweit solche nicht geradezu unvermeidlich sind. Man kann die Anzahl der Fälle, in welchen eine solche Strafe notwendig ist, vermindern, indem man der Geldstrafe eine grössere Zahl von Delikten zuweist und die Abzahlung von Geldstrafe, die im Falle der Zahlungsunfähigkeit sich äusserstenfalles in Freiheitsstrafe verwandeln muss, erleichtert; aber eine nicht unbeträchtliche Zahl solcher Verurteilungen in jene Freiheitsstrafen wird und muss bleiben. Es müssen also Gefängnisse oder in den Gefängnissen genügende besondere Räume vorhanden sein, in welchen Verurteilte, wie in England[1]) und Schweden,[2]) sich, freilich ohne irgend welchen Luxus, selbst beköstigen, sich ihren Lebensverhältnissen einigermassen entsprechende Bequemlichkeiten verschaffen und sich nach Gefallen in anständiger, ruhiger und Gefahren nicht herbeiführender Weise beschäftigen können, ohne dass man die „Hausordnung" oder Mangel an passenden Räumen als beliebige Quälereien fordernd entgegenhalten kann. Und das Gericht muss, wie in England — etwa in allen Fällen, in welchen eine Beschränkung der Ehrenrechte nicht eintritt — auf solche Behandlung erkennen[3]) dürfen, während sie bei allen Übertretungsfällen sich von

[1]) Für die vom Richter als first-class misdemeanant erklärten Personen vergl. ASCHROTT, Strafensystem und Gefängniswesen in England 1889, S. 184.

[2]) ALMQUIST, La Suède, ses progrès et ses institutions pénitentiaires 1878, S. 59.

[3]) Für eine gesetzliche Regelung und Zubilligung solcher Behandlung durch den Richter vergl. ASCHROTT, Ztschr. f. d. ges. Strafrechtswissenschaft Bd. 18, S. 394, 395.

selbst verstehen würde. Das geht freilich nur, insoweit der Verurteilte oder ein Anderer für ihn die Kosten zu tragen imstande ist. Man kann Verurteilten nicht auf Staatskosten eine bessere Lebensweise im Gefängnisse gewähren, als sie in der Freiheit sie sich selbst verschaffen würden, und man kann sie auch nicht müssig gehen lassen, während sie in der Freiheit streng arbeiten müssten, um ihren Lebensunterhalt zu verdienen. Für nicht zahlende Verurteilte muss also eine etwas modifizierte, immer aber jeden Schimpf ihnen ersparende andere Behandlung eintreten. In den Anstalten müssten besondere Zellen und Einrichtungen für die zu einfacher Freiheitsentziehung verurteilten zahlenden Verurteilten bestehen; nicht nötig freilich, dass dies in jedem Gefängnisse der Fall sei. Da die Zahl dieser Verurteilten beschränkt sein wird, kann man sie die Strafe in bestimmten Gefängnissen verbüssen lassen, die jene Einrichtungen besitzen. Eine Ungleichheit vor dem Gesetze liegt in solcher verschiedener Behandlung nicht. Im Gegenteil ist es eine schreiende Ungerechtigkeit, einen feingebildeten und zahlungsfähigen Mann, der wegen eines die Ehre nicht berührenden Deliktes, z. B. wegen formeller Beleidigung verurteilt ist, derselben Behandlung zu unterwerfen, wie einen Steinklopfer oder Strassenkehrer. Selbst die Sozialdemokratie scheint dies durch die Erhebung von Beschwerden in dieser Richtung anerkannt zu haben.

2. Sodann aber könnte baldigst durch Gesetz bestimmt werden, dass Untersuchungsgefangene[1]) und alle Personen, die nur zu kürzeren Freiheitsstrafen verurteilt sind, jedenfalls, sofern sie nicht schon mehrfach mit Gefängnis bestraft sind, in Isolierhaft gehalten werden müssen, ohne dass irgendwie diese Vorschrift durch eine — vielleicht häufig auch abusiv zu erlangende — Zustimmung des Verhafteten oder Gefangenen im einzelnen Falle ausser Anwendung gesetzt werden dürfte. Prinzipiell hat man dies auch in Frankreich anerkannt, als nach dem Kriege endlich die Reform des Strafvollzugs wieder in Angriff genommen wurde, und für diese Isolierhaft liesse sich auch unschwer ein gesetzliches Reglement aufstellen. Gerade die kurzzeitigen Freiheitsstrafen sind ja besonders verderblich, und noch weniger bei Untersuchungs- als bei Strafgefangenen darf

---

[1]) Vergl. hinsichtlich der Untersuchungsgefangenen Strafprozessordnung § 116.

der Staat es verschulden, dass sie durch die Haft moralisch verdorben werden.

3. Ferner könnte sofort mit der Errichtung besonderer Anstalten für jugendliche Verbrecher vorgegangen werden, und zugleich mit der entsprechenden Änderung des Strafgesetzbuchs §§ 55, 57, da die hier zu lösende Frage wohl genügend geklärt ist und es an passenden Vorbildern in England an den Reformatory schools, in Frankreich[1]) an den Colonies correctionnelles nicht fehlt, einige dahin zu rechnende Anstalten auch schon im deutschen Reiche bestehen. Dass für jugendliche, noch der weiteren Erziehung bedürftige Personen die in § 57 des Str.-G.-B. vorgeschriebene einfache Abkürzung bezw. Milderung der Strafe nicht ausreicht, dass vielmehr bei den für verantwortlich erklärten Jugendlichen in sehr vielen Fällen eine Zwangserziehung notwendig ist, die in § 55 nur für die nicht verantwortlich erklärten vorgesehen ist, darüber besteht keine Meinungsverschiedenheit. Wenn nun vielleicht bis zur Sanktion des neuen Strafgesetzbuchs noch ein Dezennium verfliessen wird, und dann erst über Bau und Einrichtung der Anstalten Beschluss gefasst werden soll, wie kann man es verantworten, die heranwachsende Jugend bis dahin der Depravation durch ein fehlerhaftes Gesetz und mangelnde und mangelhafte staatliche Einrichtungen auszusetzen? Und zumal, wenn wirklich die Zahl der jugendlichen Verbrecher in so bedeutender Progression zunimmt.[2])

---

[1]) Vergl. über Frankreich und die auf Grund des Gesetzes vom 5. August 1850 geschaffenen Colonies pénitentiaires und correctionnelles. Föhring in v. Holtzendorff's Handb. d. Gefängniskunde, 2., S. 289.

[2]) Wenn bestimmt wird, dass das Gericht im Falle anzunehmender Zurechnungsfähigkeit eines Jugendlichen nach seinem Ermessen auf vorherige Verbüssung einer kurzen und strengen Einzelhaft mit nachfolgender Verbringung des Jugendlichen in eine Besserungsschule verbunden oder aber nur auf Verbringung in solche Schule erkennen kann, so verliert die Frage, ob man das Alter unbedingter Straffreiheit weiter, als jetzt der Fall ist, hinausschieben soll, an praktischer Bedeutung. Meines Erachtens würde man es dann zweckmässig bei der jetzigen Altersgrenze von 12 Jahren belassen, dagegen die Strafverfolgung gegen Personen im Alter von 12—14 Jahren von dem Ermessen der Staatsanwaltschaft abhängen lassen und bei etwaigen Strafverhandlungen gegen solche Jugendliche die Öffentlichkeit ausschliessen. Vergl. gegen weite Hinausschiebung des Termins der Zurechnungsfähigkeit Zucker, Gerichtssaal, Bd. 54, S 413 ff.

4. Endlich wäre durch ein Zwischengesetz die jetzt im Verwaltungswege eingeführte bedingte Begnadigung in sogen. bedingte Verurteilung zu verwandeln. Es geht nicht wohl an, vermittels allgemein unter gewissen Bedingungen in Aussicht gestellter Begnadigungen tatsächlich für einen längeren Zeitraum das Gesetz zu ändern; zur Probe und für kürzere Zeit mag das zweckmässig sein; für längere Zeit schädigt solche Begnadigung das Ansehen von Gesetz und Richter. Ausserdem müsste die Massregel, wie auch dem Beschlusse des Juristentags entspricht, zunächst abhängen von dem Ermessen des erkennenden Gerichts, welches ja den Verurteilten und seine Tat am besten kennt und sich in den ihm geeignet erscheinenden Fällen über die fragliche Massregel in einem nicht zu publizierenden Beschlusse zu äussern hätte.[1]) Dieser Beschluss könnte einem aus höheren Justizbeamten bestehenden Kollegium zur Bestätigung vorgelegt werden. Der Justizminister ist auch ein politischer Beamter, und selbst der Vermutung, dass politische Einflüsse sich geltend machen könnten, muss das ganze Institut der bedingten Verurteilung entzogen werden.

Einen Versuch aber könnte man machen mit der Einrichtung von Strafanstalten, in denen nicht mehr in jugendlichem Alter stehende Verurteilte einer längeren, aber milderen und mehr erziehenden und unterrichtenden Behandlung unterworfen werden würden, deren Dauer innerhalb gewisser, vom Richter nach Massgabe des Gesetzes zu bemessender Grenzen durch die Anstaltsbehörde zu bestimmen wäre. Nicht wenige Personen sind keineswegs zurechnungsunfähig, aber in Erziehung und Bildung zurückgeblieben; beeinflusst oft durch Alkoholismus, passen sie für die gewöhnliche Freiheitsstrafe ebensowenig wie die minderjährigen; diese Strafe wird für sie eine Ungerechtigkeit und für die Gesellschaft, wenn nicht in einem längeren Zeitraum erziehend eingewirkt wird, eine Gefahr. Da ohne Zweifel — man mag vom logischen Standpunkte wie vom Standpunkte abstrakter Gerechtigkeit freilich das sehr verkehrt finden — das Urteil psychiatrischer Sachverständiger und ebenso von Richtern stark beeinflusst wird durch die Vorstellung, welche Wirkung die Strafe auf den Angeklagten haben werde, jetzt

[1]) Die Einwendungen, welche dagegen erhoben sind, dass das Gericht die von ihm ausgesprochene Verurteilung als bedingte bezeichne, scheinen mir mehr dialektisch als real begründet zu sein.

aber nur die Alternative besteht, entweder den Angeklagten für zurechnungsunfähig zu erklären oder ihn einer Strafe zu unterwerfen, die voraussichtlich sein Verderben werden wird, so ist es erklärlich, dass man jetzt so vielen Urteilen begegnet, in denen der Angeklagte wegen Zurechnungsunfähigkeit freigesprochen wird.

Mit einer mässigen Anzahl solcher Anstalten würde man auskommen. Der Versuch wäre mithin nicht sehr kostspielig. Nur müsste ein Zwischengesetz den Richter ermächtigen, auf solche Strafe zu erkennen; im schwurgerichtlichen Verfahren wäre von den Geschworenen die Frage zu beantworten, ob der Angeklagte zwar zurechnungsfähig sei, aber in Erziehung oder Bildung besonders zurückgeblieben oder an einem durch längere Behandlung zu heilenden geistigen Gebrechen leide; denn die Frage hängt allerdings mit der Zurechnungsfähigkeit zusammen. Wer letztere feststellt, muss auch über jene urteilen.

Der Versuch würde im Falle des Gelingens in der Tat einen Fortschritt bedeuten, der auch für andere Länder wichtig werden könnte. Er würde indirekt auch die Frage der verminderten Zurechnungsfähigkeit ihrer Lösung näher bringen können.

Fassen wir nach dieser, einige Zwischengesetze betreffenden Betrachtung eine Anzahl von Hauptfragen eines demnächstigen vollständigen Gesetzbuchs ins Auge.

Zunächst die Geldstrafen anlangend, so ist in neuester Zeit mehrfach der Gedanke hervorgetreten, dieselben möglichst genau dem Vermögen oder der Leistungsfähigkeit des Verurteilten proportional abzumessen, vielleicht auch die Höhe der Geldstrafen durch gesetzliche Maxima gar nicht zu beschränken. Für den Reichen, den mehrfachen Millionär, bedeutet, so sagt man, eine Geldstrafe nichts, die den Unbemittelten schwer trifft.

Dieser Erwägung kommt indes nur eine beschränkte Tragweite zu. Erstens ist es gar nicht zutreffend, dass wohlhabenden und selbst reichen Personen aller Regel nach eine Verurteilung selbst zu mässiger oder im Verhältnis zum Einkommen gering erscheinender Strafe gleichgültig sei. Man vergisst dabei, dass die Verurteilung an sich oft einen empfindlichen Tadel enthält, den auch der Reiche nicht gern auf sich nimmt, und Personen, die da fragen, was kostet diese oder jene Straftat, gehören doch wohl zu den Seltenheiten; vielleicht kommen sie hier und da unter protzenhaften ungebildeten

Bauern oder übermütigen oder angetrunkenen jungen Leuten vor, und auf solche Fälle können Gesetze nicht zugeschnitten werden. Sodann ist in den Übertretungsfällen ein einfaches Verfahren wünschenswert, ein Verfahren einfach nicht nur theoretisch nach dem Gesetze, sondern einfach auch in der Praxis. Werden aber zu hohe Geldstrafen erkannt oder sollen dieselben auch in geringfügigen Fällen sich genauer an die Vermögensverhältnisse des Verurteilten anschliessen, so werden weitläufige Erörterungen und Untersuchungen und Rechtsmittel auch in sonst einfachen Sachen nicht mangeln, und ist es nicht auch ein Zerrbild der Gleichheit vor dem Gesetze, dass ein Vermögender das Fünf- oder Zehnfache an Geldstrafe zahlen soll, weil er eben Vermögen besitzt, das er ja auch durch ehrlichen Fleiss erworben haben kann?[1])

Anders liegt freilich die Sache bei bedeutenden Straftaten, insbesondere solchen, die aus Eigennutz begangen werden. Hier können die nach dem gegenwärtigen Rechte bestehenden Maximalsätze beträchtlich erhöht werden. Aber allzu hoch darf man auch hier nicht gehen, wenn nicht die Geldstrafen in teilweise Vermögenskonfiskationen ausarten oder der Handhabung der Justiz einen fiskalischen Anstrich erteilen sollen, der doch im Interesse ihres Ansehens besser vermieden wird. Und auch bei den bedeutenderen Straffällen ist es durchaus nicht ratsam, über eine allgemeine und eigentlich selbstverständliche Anweisung, bei Bemessung der Strafe der Vermögensverhältnisse des Angeklagten zu berücksichtigen, hinauszugehen. Jede strengere Proportionalität führt auch hier zu Ungerechtigkeiten, und so ist denn schliesslich auch z. B. das neue norwegische Gesetzbuch (§ 27), nachdem der Entwurf freilich ein System der Proportionalität nach dem Einkommen vorgeschlagen hatte, zu dem einfachen Satze zurückgekehrt, dass besondere Rücksicht auf die Vermögensverhältnisse des Verurteilten, sowie auf das, was er nach seinen Lebensverhältnissen

---

[1]) Aus diesem Grunde ist auch abzuweisen der Vorschlag, stets doppelte Rahmen der Geldstrafe aufzustellen, je nachdem der Schuldige in den unteren oder in den höheren Steuerstufen Einkommensteuer zahlt. — Bei manchen Übertretungen — man denke z. B. an Straffälligkeit wegen mangelhafter Reinigung der Strassen — könnte auch die Höhe der Strafen z. B. gegen jemanden, der einen ausgedehnten Häuserkomplex besitzt und deshalb häufig für Nachlässigkeiten des Dienstpersonals büssen muss, zu erschreckenden Ergebnissen führen.

vermutlich bezahlen kann, genommen werden kann. (Das Maximum von 5000 Kronen für Übertretungen ist freilich recht bedenklich bei der Weglassung besonderer Maxima für die einzelnen Übertretungen!)

Der schwierigste Punkt aber bei der Geldstrafe ist bekanntlich die Zahlungsunfähigkeit des Verurteilten. Gewiss wird es nun richtig sein, den zu Geldstrafe Verurteilten durch Gestattung ratenweiser Abzahlung und Stundung die als Ersatz drohende Freiheitsstrafe möglichst zu ersparen. Auch kann in manchen Fällen hier bedingte Verurteilung aushelfen. Aber trotz aller Deklamationen wird in gewissem Umfange der als barbarisch verschriene Satz „qui non habet in aere, luat de corpore“ sein Recht behaupten müssen. Unmittelbares Abverdienen dem Staate gegenüber stösst meist auf erhebliche Schwierigkeiten, selbst wenn der Verurteilte den besten Willen hat. Zwang zum Abverdienen würde häufig nur eine härtere Freiheitsstrafe werden, und der solchergestalt dem Zwange in der Freiheit Unterliegende hat oft mannigfaltige Vorwände, die Arbeit nicht zu leisten, auszubleiben, und leistet sehr oft die Arbeit schlecht. Man wird damit nicht viel weiter kommen, als gegenwärtig nach Massgabe der Landesgesetze der Fall ist. Übrigens würde ein zuweit gehender Zwang zum Abverdienen und eine zu scharfe Zwangsvollstreckung in das Vermögen unter Umständen die Verurteilten härter treffen als eine kurze Freiheitsstrafe. Allzugrosse Milde aber, welche den zu Geldstrafe Verurteilten die Strafe zu leicht erlassen möchte, wird schliesslich die Ansicht aufkommen lassen, dass Vermögenslose Gebote und Verbote, die prinzipiell nur mit Geldstrafe bedroht sind, ungestraft verletzen könnten. Da hätten wir eine neue Art der Ungleichheit vor dem Gesetze, welche die Frechheit zuerst bei Übertretungen und nachher bei Verbrechen gross ziehen würde. Selbstverständlich müsste durch die Einrichtungen der Gefängnisse dafür gesorgt werden, dass, insofern nicht Einzelhaft stattfindet, diejenigen Personen, welche nur wegen Unvermögens Freiheitsstrafe zu dulden haben und nicht erst vor kurzem zu schwerer Freiheitsstrafe verurteilt waren, nicht mit verdorbenen Subjekten zu gemeinsamer Arbeit zusammengebracht werden.

Festhalten aber möchte ich trotz aller Angriffe den Satz des § 30 unseres Str.-G.-B., demzufolge eine bei Lebzeiten des Verurteilten bereits rechtskräftig gewordene Strafe auch in dessen Nachlass vollstreckt wird. In Wahrheit ist es doch nur eine Unvollkommenheit der Strafjustiz, wenn eine Strafe mit dem Augenblicke der Rechtskraft nicht auch vollstreckt wird. Es ist nur scheinbar, dass die Erben an Stelle des Erblassers die Strafe leiden, und gerade je nachsichtiger man mit der Beitreibung verfährt, je mehr man Stundung und Teilzahlung bewilligt, um so gefährlicher wird es mit dem Tode des Schuldigen, den Staat zwangsweise auf die Strafe verzichten zu lassen. Je schlauer der Erblasser es verstanden hat, die Zahlung hinzuziehen, um so besser für die Erben, die ja auch einmal — man denke an Steuerhinterziehungen — eine recht fette Erbschaft bekommen können. Andrerseits würde, wenn der Fiskus erst einige üble Erfahrungen in Todesfällen Verurteilter gemacht hätte, voraussichtlich mit der Zwangsvollstreckung um so rücksichtsloser vorgegangen werden.

In welchem Sinne soll aber die Reform des Strafrechts, abgesehen von der Frage des Strafvollzuges, im grossen und ganzen unternommen werden?

Im Sinne der Vertreter der neuen Schule soll jedenfalls dem subjektiven Momente, also der Absicht und Gesinnung des Schuldigen eine weit grössere Bedeutung, dem objektiven Momente, der Tat selbst und dem Erfolge, eine geringere Bedeutung beigelegt und, was damit zusammenhängt, dem freien richterlichen Ermessen in der Würdigung der konkreten Tat wie in der Bestimmung der Strafe ein grösserer Raum zuerteilt werden. Was diese letztere Frage betrifft, so ist es gewiss richtig — und hiermit kann auch der strengste Vertreter einer Vergeltungstheorie sich einverstanden erklären — die Zuerkennung sogen. mildernder Umstände bei allen Delikten, bei welchen nicht ohnehin schon der Richter ein sehr geringes Strafminimum anwenden kann, zuzulassen. Es gibt kein Delikt, bei welchem nicht besondere mildernde Umstände denkbar sind; auch der Mord macht keine Ausnahme. Die Auswahl der Straftaten, bei denen unser gegenwärtiges Gesetz mildernde Umstände anerkennt, ist unhaltbar. Eine andere Frage freilich ist es, ob man im schwurgerichtlichen Verfahren, falls letzteres beibehalten wird, die Zuerkennung mildernder Umstände den Geschworenen belassen soll. Andrerseits darf man sich von gesetzlichen Bestimmungen über Strafzumessungsgründe nicht sehr viel versprechen. Man hatte sie früher in Strafgesetzbüchern; später hat man sie weggelassen, weil sie einerseits einzeln zu unbestimmt lauteten, und weil andrerseits ihr gegenseitiges Gewicht sich jeder gesetzlichen Bestimmung entzieht. Die richtige Bestimmung der Strafe ist eben ein Produkt der richtigen Auffassung des gesamten Geistes der Strafgesetzgebung; sie wird im gewissen Grade immer von der Individualität des Richters abhängen; die Korrektur muss die Kollegialität, die Tradition und, wie ich meine, nötigenfalls die Anrufung einer höheren Instanz bringen. Man kann aber wohl einzelne Strafrahmen angemessen erweitern, namentlich etwa von der wahlweis zu erkennenden Geldstrafe mehr Gebrauch machen.

Was aber sodann die stärkere Bedeutung des subjektiven, die geringere des objektiven Moments betrifft, so kann gegenwärtig in einer Anzahl wichtiger Fälle, namentlich bei der Körperverletzung und überhaupt da, wo nach dem Wortlaut des Gesetzes der nur „verursachte" Erfolg eine höhere Strafe begründet, die Strafe häufig zu hart ausfallen,[1] während in anderen Fällen man es bedauern mag, dass der Zufall eines geringeren Erfolges den Denkzettel für Bosheit und Roheit kräftiger auszustellen nicht gestattet. Korrekturen des Gesetzes in dieser Richtung werden keinem Bedenken unterliegen.

Anders aber steht es, wenn das sogen. subjektive Moment so stark ausschlaggebend sein soll, wie die neue Schule es verlangt.

Zu den in dieser Richtung aufgestellten Prinzipien rechne ich insbesondere die in Aussicht genommene starke Berücksichtigung der Motive, aus denen die Tat des Schuldigen hervorgewachsen sein mag, eine Frage, mit der sich die neuere Literatur mehrfach zu dem Zwecke beschäftigt hat, ihre Lösung zu einer richtigen Fortbildung des Strafrechts zu verwenden.

Zunächst aber ist da, wenn auch bei einzelnen Deliktsarten es richtig sein mag, dem Motive des Handelnden eine stärkere oder überhaupt Beachtung zu schenken, einzuwenden, dass, wie eine genauere Untersuchung von Thomsen[2] gezeigt hat, Einigkeit unter den verschiedenen Schriftstellern, welche stark mit dem Begriff des Motivs im Strafrecht operieren wollen, über das, was unter

---

[1]) Das würde übrigens kaum der Fall sein, wenn die gegenwärtig durch die Strafsenate des Reichsgerichts zur Herrschaft gebrachte Theorie des Kausalzusammenhanges aufgegeben würde, wonach jede einen bestimmten Erfolg mitbedingende Handlung ohne weiteres als diesen Erfolg verursachend angesehen wird.

[2]) Untersuchungen über den Begriff des Verbrechenmotivs. 1902.

Motiv zu verstehen sei, gar nicht besteht. Man kann darunter z. B. einen besonderen realen Zweck, aber auch eine psychische Eigenart des Handelnden verstehen. Jedenfalls aber ist es häufig nicht einmal leicht, bei einem begangenen Verbrechen den besonderen Zweck, und meistens recht schwer, die besondere mit der Begehung des Verbrechens zusammenhängende psychische Eigenschaft festzustellen, und dabei kann das bei der Betrachtung eines Straffalles erscheinende Motiv kaleidoskopisch wechseln, je nachdem es weniger oder mehr gelingt, über der Vorgeschichte des Verbrechens in der Seele des Schuldigen den Schleier zu heben. Von Diebstählen, von Betrügereien, Veruntreuungen, wie wir sie in den letzten Jahren bei deutschen Bankinstituten mehrfach zu beklagen hatten, wird man gewiss sagen, dass sie aus Eigennutz begangen werden. Aber wie, wenn der Schuldige den Diebstahl beging, um der schwer kranken Mutter bessere Speisen zu verschaffen? Wenn der mit fremdem Gelde rechtswidrig spekulierende Bankdirektor mit dem erhofften Gewinne eine grosse milde Stiftung zu gründen gedachte? Ist dann das Motiv noch Eigennutz? Und weiter, wenn herausgebracht würde, dass die Liebe des Diebes zur Mutter doch nicht so völlig ideal war, wenn sie eine Pension bezog, mit welcher sie den Sohn unterstützte, und wenn dieser befürchtete, durch den Tod der Mutter die bisherigen Unterstützungen zu verlieren? Wenn der veruntreuende Bankdirektor endlich die Stiftung nicht aus Menschenliebe, vielmehr um sich einen berühmten Namen zu machen, beabsichtigte — also aus Eitelkeit? Ist Eitelkeit gleich Eigennutz, oder lässt sich Menschenliebe mit Eitelkeit verbinden?

v. Liszt z. B. hat sich denn auch neuerdings mit Schärfe gegen eine weitgehende Berücksichtigung des Motivs im Strafrecht ausgesprochen, wenigstens sofern unter Motiv die auf den Willen wirkende Vorstellung eines Lust- (sagen wir besser Befriedigungs-) gefühls verstanden wird.

Wenn aber in den Thesen, welche Liszt[1]) für den letzten Juristentag aufgestellt hat, als das Hauptprinzip für die künftige Gestaltung des Strafrechts die Beachtung der antisozialen Gesinnung des Schuldigen erscheint, so ist nicht klar, was hier als antisoziale Gesinnung angesehen werden soll.

---

[1]) Gutachten in den Verhandlungen des 26. deutschen Juristentages I., S. 288.

Zunächst könnte man, wenn, wie LISZT es will, die Intensität der antisozialen[1]) Gesinnung Art und Mafs der Strafe bestimmen solle, daran denken, durch eine dahingehende allgemeine Bestimmung dem Richter die Befugnis zu geben, nach Massgabe der im einzelnen Falle anzunehmenden antisozialen Gesinnung zu strafen. Aber genau betrachtet würde man damit den Richter völlig ratlos lassen; jede mögliche individuelle Ansicht über das, was in höherem oder geringerem Grade antisozial wäre, würde damit für berechtigt erklärt werden. Ein Beispiel statt vieler. Im allgemeinen wird man eine durch nicht gerade exorbitante Fahrlässigkeit bewirkte Körperverletzung als Kennzeichen intensiv antisozialer Gesinnung nicht ansehen wollen. Aber: ein Radfahrer überfährt jemanden infolge eines nicht sehr bedeutenden Versehens, verletzt aber den Überfahrenen erheblich. Um nicht haftbar gemacht zu werden, auch nur für den Schaden, fährt er schleunigst davon, in der Hoffnung, unbekannt zu bleiben. Er meldet sich auch dann nicht und tut nichts, um die Not des Überfahrenen zu mildern, als ihm durch die Zeitungen diese Not kund wird, obwohl er, der Schuldige, recht wohlhabend ist. Wäre das nicht stark antisoziale Gesinnung?[2])

Wenn aber die antisoziale oder Recht nicht achtende Gesinnung des Schuldigen ein leitender Gesichtspunkt für den Gesetzgeber sein soll, so ist es danach unmöglich, die Strafen der einzelnen Deliktsarten zu bestimmen. Genau betrachtet gehen ja alle Straftaten hervor aus antisozialer Gesinnung oder, wenn man das vorzieht, aus dem Fehlen genügender sozialer Gesinnung. Nun weiss ich nicht zu sagen, wer hat die grössere Intensität antisozialer Ge-

---

[1]) Mit dem Ausdruck „verbrecherische Gesinnung", so KAHL in den Verhandlungen des 26. deutschen Juristentages, 3., S. 235, oder „rechtsverächtliche" — richtiger „Recht verachtende" — Gesinnung kommt man schwerlich weiter. Die Tautologie tritt, wenn möglich, hier noch stärker hervor. Einen wirklichen Sinn bekommt das eine oder andere dieser Adjektiva nur, wenn Rückfall oder wiederholte Begehung von Straftaten in Betracht gezogen werden. Es ist aber unmöglich, ein Gesetzbuch wesentlich auf Rückfall oder wiederholte Begehung von Delikten einzurichten. Rückfall und wiederholte Begehung spielen doch nur bei einzelnen Deliktsarten eine Hauptrolle.

[2]) Bekanntlich wurde zur Zeit der sogen. Leges Barbarorum niedrige, gesetzwidrige Gesinnung im Falle der Tötung angenommen, wenn der Schuldige den Leichnam des Getöteten versteckte.

sinnung: Wer einmal in völlig ungerechtfertiger Wut einem anderen einen Messerstich versetzt, oder wer als Dieb mehrmals rückfällig ist, aber immer nur kleinere Diebstähle ohne erschwerende Umstände begeht; der letztere könnte ja auch ein sogen. schwacher Charakter sein, der leicht der Not und Verführung des Augenblicks unterliegt. Ich meine, der Gesetzgeber kann mit dem befürworteten Aufbau des Gesetzbuchs auf Grundlage der antisozialen Gesinnung noch weniger etwas anfangen, als der Richter. Am Ende könnte, da in der Verlegenheit vermutlich die Bedeutung der angegriffenen Rechtsgüter oder Gesellschaftsinteressen zum Massstabe der antisozialen Gesinnung genommen werden würde, das neue, auf dieser Grundlage aufgebaute Gesetzbuch dem alten recht ähnlich werden.

Kritisieren wir aber die Stützen nicht weiter, welche man in der Verlegenheit dem Ausbau des Strafrechts auf ganz vorherrschender Berücksichtigung des subjektiven Moments geben will. Betrachten wir den Kernpunkt, aus welchem diese Berücksichtigung sich ergibt. Er ist meines Erachtens zugleich der eigentliche Differenzpunkt der klassischen und andererseits der neuen Schule. Die neue Schule will direkt und ausschliesslich den Verbrecher treffen, nach Umständen ihn bessern, unschädlich machen, zuweilen mit einem Denkzettel abkommen lassen. Die klassische Schule betrachtet in erster Linie die Tat als massgebend; sie will die Tat vergelten oder, wie ich es für richtiger halte, die Tat *öffentlich* und autoritativ missbilligen.

Praktisch bedeutet Missbilligung der Tat nichts anderes als: mit der Strafe soll in erster Linie auf die Gesamtheit gewirkt werden. *Ihr soll zum Bewusstsein gebracht werden, oder richtiger gesagt, in ihr soll das Bewusstsein lebendig erhalten bleiben, dass solche Taten nicht geschehen dürfen.*

Es ist damit aber auch gegeben, da die *konkrete, wirkliche* Tat, welche öffentlich als verwerflich, als nicht zu dulden bezeichnet wird, nicht ohne einen wirklichen Täter gedacht werden kann, dass die Strafe auch diesen treffe. *Hinter der Tat erblickt man den Täter unzertrennlich mit ihr verbunden.* So kann die Strafe darauf mit berechnet werden, auf den Täter, den Schuldigen eine bestimmte Wirkung auszuüben, sofern diese Wirkung mit der Missbilligung der Tat vereinbar ist. Man kann insbesondere diese Missbilligung in vielen Fällen so gestalten, so berechnen, dass sie präsumtiv dazu beitragen wird, den Verbrecher zu bessern. Ja, dies ist, sofern der Charakter der öffentlichen Missbilligung dadurch nicht verloren geht, die vollkommenste Art der Missbilligung, da der gebesserte Verbrecher dann selbst die begangene Tat ebenfalls missbilligen, als verwerflich erkennen wird.

Möglicherweise kann man diese Rücksicht auf die Besserung des Schuldigen völlig vernachlässigen, wie lange Perioden der Geschichte des Strafrechtes zeigen. Immerhin lässt sich mit einem solchen Strafrechte leben, wenn man energisch dafür sorgt, dass die Strafe auf die Gesellschaft den erforderlichen Eindruck mache. Würde dagegen der Eindruck der Strafe auf die Gesamtheit verloren gehen, so könnten zwar manche einzelne Verbrecher gebessert oder unschädlich gemacht werden, die Neigung zum Verbrechen würde aber in der Gesamtheit um so mehr um sich greifen. Wäre es nicht denkbar, dadurch bei einer bedeutenden Anzahl von Verbrechern Besserung zu erreichen, dass man sie mit vollendeter Güte behandelte? Ist Güte und Freundlichkeit nicht auch dem Bösen gegenüber oft wirksam? Leider hindert uns daran die Rücksicht auf die dann stattfindende Ermunterung zur Begehung von Verbrechen, die Rücksicht auf die Allgemeinheit, der die Strafe ein starkes Motiv zur Unterlassung von Verbrechen zu liefern hat. Darauf beruht es, dass die Strafe als wirkliches Übel stets von der Gesamtheit, wenn auch nicht von jedem einzelnen betrachtet und empfunden werden muss. Es ist andrerseits aber auch die Rücksicht auf das Bewusstsein der Gesamtheit, welche uns hindert, das Prinzip des Unschädlichmachens schonungslos geltend zu machen. Käme es nur darauf an, zu verhüten, dass der einzelne Verurteilte und Rückfällige wieder Delikte begehe, so würde es richtig sein, jemanden, der geringfügige Delikte aus unausrottbar scheinender Neigung begeht, zeitlebens einzusperren. Aber eine solche Anwendung der Strafe empört das allgemeine Rechtsbewusstsein gegen die Strafjustiz, beeinträchtigt daher die Stimmung der Volksseele, welche schliesslich die Erhalterin der Rechtsordnung ist, und schadet somit im allgemeinen mehr, als sie nützt. Wer kann ausserdem im einzelnen Falle die Unverbesserlichkeit eines Menschen mit genügender Bestimmtheit feststellen, während es freilich leicht ist, in der Theorie von Unverbesserlichen zu reden und sehr beweglich zu schildern, wie sonderbar es doch sei, einen Menschen trotz der wahrscheinlich noch vorhandenen verbrecherischen Neigungen nach erstandener Strafe wieder los zu lassen! Daran ändert auch die Beobachtung nichts, dass dann der Freigelassene genau wieder ein solches Verbrechen begeht, wie das frühere, dass er wieder stiehlt, einbricht, vergewaltigt. Denn das Absolute ist nun einmal für Menschen unerreichbar. Eine absolute Sicherheit kann auch die beste Strafrechtspflege nicht geben.

Aus diesen Gründen ist auch ein Gesetzbuch gegründet auf die in einer unbestimmten und vagen Theorie angenommene Einteilung der Verbrecher in Gelegenheitsverbrecher, Gewohnheitsverbrecher und Unverbesserliche ziemlich unmöglich, ganz abgesehen davon, dass jene Theorie dem Richter eine Aufgabe stellt, die er in der übergrossen Mehrzahl nicht lösen kann; denn der Gelegenheitsverbrecher ist oft Verbrecher gerade aus eingewurzelter Charaktereigenschaft;[1]) die Gelegenheit enthüllt den Charakter. Andrerseits kann mehrfache Begehung eines Deliktes entspringen aus mehrfach sich wiederholenden besonderen Versuchungen, welchen der schwache, aber nicht bösartige Charakter erliegt. Nur bei einzelnen Deliktsarten hat die gewohnheitsmässige oder auch gewerbsmässige Begehung eine die Rechtsordnung besonders gefährdende Bedeutung, wie dies auch in unserem geltenden Rechte anerkannt ist. Endlich wird zwar nicht die Unverbesserlichkeit, wohl aber die Eigenschaft eines Schwer-Verbesserlichen anerkannt in den besonders hohen Rückfallsstrafen, die für einzelne Deliktsarten gelten. Weiter im Sinne der neuen Theorie geht allerdings der Vorentwurf zu einem schweizerischen Str.-G.-B. Art. 44, indem er für Personen, die wegen gewisser Verbrechen bereits viele Strafen erlitten haben, bei erneutem Rückfalle auf Zulässigkeit einer Verwahrung auf unbestimmte, vom Ermessen einer Verwaltungsbehörde abhängige, freilich durch ein hohes Minimum und ein hohes Maximum begrenzte Zeit zu erkennen gestattet. Die Verwahrung soll an die Stelle der erkannten Freiheitsstrafe treten. Diese Bestimmung ist, vom Standpunkte der Gerechtigkeit aus beurteilt, bereits bedenklich, und ist in der Experten-Kommission mehrfach auf Widerspruch gestossen. Viel weiter aber

---

[1]) Die Einteilung der Verbrecher nach Charaktereigenschaften ist praktisch für die Strafanstalten, insofern gemeinsame Arbeit von Gruppen der Sträflinge stattfindet. Die Gefängnisverwaltung ist auch in der Lage, soweit es zu diesem Zwecke nötig, den Charakter der einzelnen Sträflinge zu erkunden.

geht in der neuen Richtung und ist im äussersten Mafse bedenklich § 65 des norwegischen Str.-G.-B., der die Möglichkeit einer langdauernden Gefangenhaltung gibt, auch, abgesehen von der Voraussetzung mehrfachen Rückfalles, im Falle blosser Konkurrenz von Delikten, von denen mehrere nicht einmal zu den sehr schweren gehören. Es enthält diese Bestimmung einen starken Widerspruch gegen die übrigens auch im norwegischen Gesetzbuche § 62 anerkannte Gesamtstrafe im Falle der Konkurrenz und einen noch stärkeren Widerspruch gegen die von der deterministischen Willenstheorie — die Anhänger der neuen Lehre sind ja meistens oder vielleicht durchgängig Deterministen — so oft betonte präsumtive Wirkung der Strafe. Wie kann man von einer Unverbesserlichkeit oder einem schwer zu bessernden Charakter des Schuldigen reden, wenn die Wirkung der Strafe noch gar nicht an ihm erprobt ist? Ist es nicht gerade eine starke Verführung zu weiteren gesetzwidrigen Handlungen, namentlich derselben Art, wenn mehrere solche Handlungen längere Zeit der Untersuchung und Bestrafung entzogen geblieben sind? Ist da nicht eine besonders langdauernde Strafe eine merkwürdige Ungerechtigkeit? Freilich soll dieselbe nicht immer eintreten, vielmehr nur, wenn in Anbetracht der Art der Verbrechen, der ihnen zu Grunde liegenden Beweggründe oder der in ihnen sich offenbarenden Gesinnung der Täter als besonders gefährlich für die menschliche Gesellschaft oder für das Leben, die Gesundheit oder das Wohl einzelner anzusehen ist. Kommt dieser ganz von einem unbestimmten Ermessen abhängende weitgehende Strafzusatz nicht auf Gesinnungsstrafe hinaus?

In seinem dem letzten Juristentage erstatteten Gutachten schlägt Liszt vor, eine derartige unbestimmte und zusätzliche Strafe nur für gewerbsmässige Begehung gewisser Straftaten eintreten zu lassen. Indes wenn das Wort „gewerbsmässig" in dem bisherigen Sinne genommen wird, so dürfte ein derartiger Paragraph wenig praktische Bedeutung haben. Nimmt man aber — und das ist anscheinend die Meinung, wie aus den Vorwürfen zu entnehmen, welche Liszt in seinem in der Festschrift des letzten Juristentags abgedruckten Aufsatze gegen die deutsche Reichskriminalstatistik erhoben hat — das Wort „gewerbsmässig" in dem Sinne, dass dasselbe Anwendung findet auf Menschen, die nicht gerade stets gleichartige Verbrechen begehen, aber gewissermassen zu jeder Schandtat bereit sind, so ist der Unterschied gegenüber der norwegischen Bestimmung wohl kein sehr bedeutender.[1])

Nun verwahrt sich allerdings die neue Schule strengstens dagegen, die blosse verbrecherische Gesinnung bestrafen zu wollen; es soll, ohne dass eine verbrecherische Handlung vorliegt, eine Strafe nicht eintreten, das Strafgesetz nach wie vor die Magna charta des Verbrechers, richtiger gesagt, Jedermanns gegen Übergriffe der öffentlichen Gewalt bleiben. Aber die vorwiegende Berücksichtigung der Gesinnung, die Zurückstellung des objektiven Tatbestandes, des Erfolges wird immer mehr dahin führen, jenen Schutz des Gesetzes gleichsam zu unterspülen. In dem von dem Geiste der neuen Schule bereits stark beeinflussten neuen norwegischen Strafgesetzbuche begegnen uns bereits zahlreiche stark verwaschene, der mannigfachsten Anwendung fähige Tatbestände, und in einem im vorigen Jahre gefassten Beschlusse der deutschen Gruppe der internationalen kriminalistischen Vereinigung über die wichtige Materie des Versuchs tritt ganz unumwunden die Tendenz hervor, hierin ein fast schrankenloses richterliches Ermessen walten zu lassen. Je weiter aber das richterliche Ermessen reicht bei der strafrechtlichen Subsumtion, um so mehr wird faktisch die Gesinnung des Schuldigen, aus welcher die Absicht mit Notwendigkeit sich zu ergeben scheint, das entscheidende Moment werden.

Vielleicht wäre in dieser Hinsicht weniger Grund, sich zu beunruhigen, wenn es gelänge, durch neue Methoden weit tiefer in das Innere der Menschenseele einzublicken, als bis jetzt der Fall war, und so stellt uns denn in der Tat Liszt eine neue Art der Kriminalstatistik in Aussicht, welche diese Aufgabe scheint lösen zu sollen. Die klassische Schule, so wird in der jüngst zu Petersburg gehaltenen, mit stärkstem Beifall aufgenommenen Rede gesagt, hat sich niemals ernstlich die Aufgabe gestellt, die Ursachen der Kriminalität zu erforschen; die psychologische Analyse des Verbrechers hat sie den Dichtern überlassen; Feuerbach hat unter den Kriminalisten keinen ebenbürtigen Nachfolger gefunden. Das letztere mag richtig sein;

---

[1]) Vergl. gegen dergleichen Bestimmungen auch den Beschluss des Congrès pénitentiaire de Paris (1895) in den Verhandlungen dieses Kongresses, Partie générale, S. 255, demzufolge als „malfaiteur de profession" nur betrachtet werden soll, wer eine mehrfache vom Gesetze zu bestimmende Anzahl von Rückfallsstrafen erlitten hat.

die Entgegnung liegt aber vielleicht in der Frage: Haben wir überhaupt wieder einen Kriminalisten gehabt, der, was die hier in Betracht kommende besondere geistige Befähigung betrifft, FEUERBACH gleich gekommen wäre? Sodann aber ist das gegenwärtige mündliche Verfahren der psychologischen Betrachtung einzelner besonders interessanter Kriminalfälle durch Theoretiker und Mitglieder höherer Gerichtshöfe sehr wenig günstig. Sie verbleibt in den Vorträgen der Staatsanwälte und Verteidiger, allenfalls auch in Gutachten der Psychiater: die Geschworenen geben gar keine Begründung ihres Strafspruches, und die Gerichtshöfe sind weit entfernt davon, jene ausführliche Motivierung der Beweisfrage, also auch der psychologischen Erklärung des Verbrechens zu liefern, welcher wir in den Akten des früheren schriftlichen Prozesses begegnen. Aber Ergebnisse, die uns in der Strafgesetzgebung weiter führen würden, hat die neue, unter LISZTS Auspizien begonnene Statistik kleinerer Bezirke bis jetzt auch nicht geliefert.[1]) Wir finden da namentlich, dass die grössere Dichtigkeit der Bevölkerung, ihr mehr fluktuierender Charakter, die Eigentümlichkeit eines Volksstammes, Vergnügungssucht und geringere Wohlhabenheit zu Straftaten besonders Anlass geben. Indes hat man dies und ähnliches nicht schon lange Zeit gewusst, und welche Maximen soll daraus die Reichsstrafgesetzgebung entnehmen? Soll man gegen die freie Wahl des Aufenthalts einschreiten, gegen Veranstaltung von Tanzereien, die zu Schlägereien und Körperverletzungen Anlass geben? Wäre das möglich, so würden wir es doch nur mit untergeordneten Polizeigesetzen zu tun haben; die gesetzliche Bestrafung z. B. von Körperverletzungen könnte doch schwerlich davon berührt werden, ebensowenig wie das Strafgesetz über den Diebstahl durch die Beobachtung, dass in wohlhabenden Gegenden mit dünner Bevölkerung weniger gestohlen wird, als in ärmeren mit dichter Bevölkerung. Und glauben möchte ich einstweilen noch, dass Dichter wie SHAKESPEARE, SCHILLER, GOETHE oder DOSTOJEWSKI die Entstehung des Verbrechens in der Seele des Schuldigen besser zu schildern vermochten als statistische Beamte oder als solche verwendete angehende Juristen.

---

[1]) Vergl. die nach LISZTS Direktive angestellten statistischen Untersuchungen, „Die Ursachen der Kriminalität im Herzogtum Sachsen-Meiningen von WEIDEMANN“, und BLAU, Ursachen der Kriminalität in den Kreisen Thorn und Marienwerder. Heft 1 u. 2 der Abhandl. d. kriminal. Seminars der Universität Berlin (1903).

Jene Statistik wird in allgemein sozialer Hinsicht von Bedeutung sein; für das Strafrecht ist sie ihrer Natur nach meines Erachtens bedeutungslos; das Strafrecht kann jene allgemeinen sozialen Anlässe, z. B. schlechte Ernten, mangelnden Wohlstand, Vergnügungssucht, Streitsucht, Volkscharakter, nicht aus der Welt schaffen oder nur modifizieren, wohl aber kann und soll es in der Seele des einzelnen ein wichtiges Motiv sein, ein Verbrechen nicht zu begehen, und gerade weil das Strafgesetz allgemeine Verbote und Gebote enthält, wirkt es auch auf die speziellen Motive des einzelnen; würde man es auf vorübergehende oder lokale, wenn auch dann bei einer grösseren Anzahl von Personen vorhandene Motive speziell zuspitzen, so würde es seine allgemeine Kraft gegenüber den schwerwiegenden speziellen Motiven der einzelnen verlieren, mindestens müsste es einen so wechselnden und lokalen Charakter annehmen, dass es aus diesem Grunde schon ein von den mannigfachsten Zufälligkeiten abhängendes, daher minder wichtiges und minder wirksames sein würde.

Wir werden also schwerlich völlig neue und überraschende Mittel erhalten, den Seelenzustand und die Gesinnung der Angeklagten zu erforschen, und uns dabei bescheiden müssen, dass in den allermeisten Fällen wir nur auf unsichere und unvollständige Vermutungen beschränkt sind.

Hiernach aber wird es ein nicht nur bedenkliches, sondern geradezu unzulässiges Wagnis sein, in einem neuen Strafgesetzbuch die Beachtung des objektiven Erfolges zwar nicht auszuschliessen, sie aber hinter der Erforschung der weiter zurückliegenden Motive und Absichten, der angeblichen Gewohnheit, Gewerbmässigkeit des Handelnden, schliesslich der Gesinnung stark in den Hintergrund treten zu lassen. Wenn jetzt schon bei uns nicht selten der Vorwurf unzulässig ungleicher Behandlung der Angeklagten durch die Richter, der Verurteilten durch die Gefängnisbehörden erhoben wird, welche Erbitterung würde entstehen, wenn so, wie die neue Schule es will, dieselbe Tat bald mit einem blossen Denkzettel, bald mit einer länger dauernden Freiheitsstrafe, bald mit einer fast lebenslänglichen Einsperrung bedacht werden würde, weil die Richter im ersten Falle ein Gelegenheits-, im zweiten ein Gewohnheits- oder ein gewerbmässig begangenes Verbrechen angenommen, im dritten im Täter einen unverbesserlichen oder besonders gefährlichen Menschen erblickt hätten? Missgriffe wären nicht ausgeschlossen, und schon der Glaube an vielfache Missgriffe vernichtet die heilsame Wirksamkeit der Justiz.[1])

Und das in einer Zeit grosser sozialer, politischer, religiöser Gegensätze und Kämpfe in einem grossen Staate, in welchem die Wogen höher gehen als in manchen kleinen Staaten, in denen trotz vieler Gegensätze man sich ernstlich doch nicht leicht wehe tut, weil so oft verwandtschaftliche und sonstige nahe persönliche Beziehungen mildernd eingreifen! Dazu kommt aber als besonders bedeutendes Moment, dass nach dem Volksbewusstsein — meines Erachtens und meiner Theorie zufolge mit vollem Recht — auch nach dem Eindruck der Tat die Strafe bemessen werden muss, und dass dieses starke Volksbewusstsein auch in den Kontroversen der Juristen hervortritt. Ich wenigstens glaube z. B. die vielfache Gegnerschaft, welcher die Ansicht des Reichsgerichts über den untauglichen Versuch begegnet ist, auf dieses Volksbewusstsein mit zurückführen zu sollen.

Wenn man endlich zur Rechtfertigung eines Strafrechts, das vorherrschend die subjektive Seite des Verbrechens zugleich mit wenig bestimmten Tatbeständen und besonders mit weitem richterlichen Ermessen berücksichtigen würde, sich darauf beruft, dass damit eine grosse Zahl schwieriger, zeitweilig unerquicklicher oder gar ewig lebender Kontroversen beseitigt werden würde, so ist es ja richtig, dass infolge solcher Gesetzgebung die Kontroversen von der Oberfläche verschwinden. Im geheimen aber wuchern sie um so mehr und leben gerade ewig. Die Entscheidung wird nur einfach dem schrankenlosen subjektiven Ermessen anheimgegeben; die Diskussion, die Korrektur durch den höchsten Gerichtshof, die, mag sie auch zuweilen irren, im ganzen doch heilsam wirkt, hört auf. Andererseits klären sich mit der Zeit auch viele Kontroversen.

[1]) Um Missverständnisse zu vermeiden, sei hier ausdrücklich hervorgehoben, dass mit dem im Text Gesagten besondere Massregeln gegen mehrfach rückfällige Personen keineswegs ausgeschlossen sind. Man hüte sich indes, den Rückfallsbegriff allzuweit auszudehnen. Praktisch scheint mir aber eine Bestimmung, nach welcher jemand, der bereits mehrfach wegen bestimmter Delikte (namentlich Diebstahl, Betrug) bestraft, als Landstreicher oder Arbeitsunlustiger wiederum ein dergleichen Delikt begeht, einer besonders langdauernden Freiheitsstrafe unterworfen werden soll.

Als ein Beispiel des Irregehens der neuen Schule in der bezeichneten Richtung des Subjektismus, des schrankenlosen richterlichen Ermessens, der Verletzung unseres deutschen Volksbewusstseins möchte ich die Beschlüsse bezeichnen, welche im vorigen Jahre die deutsche Gruppe der internationalen kriminalistischen Vereinigung in Ansehung des Versuchs gefasst hat.[1]) Der Versuch soll ebenso bestraft werden wie das vollendete Verbrechen, vorbehaltlich richterlicher Ermässigungsbefugnis; die Definition des Versuchs soll nicht mehr das Erfordernis der Ausführungshandlung enthalten. Damit kehrt man nicht nur zu der französischen Behandlung des Versuchs zurück; man überschreitet dieselbe in subjektiver Richtung, da anscheinend im Sinne SEUFFERT's auch der Beginn des strafbaren Versuchs völlig dem richterlichen Ermessen anheimgestellt sein soll, während selbst das französische Recht einen Anfang der Ausführung verlangt. Nun kann es ja sein, dass lediglich der Zufall im einzelnen Falle die Vollendung abgewendet hat; aber ganz sicher wissen wir es doch meistens nicht. Wissen wir denn immer, ob nicht dem Mörder doch im letzten Augenblick, als er vorbeischoss, die erforderliche Kaltblütigkeit fehlte? Und jedenfalls ist der Eindruck, den eine vollendete Mordtat hervorbringt, ein völlig anderer, als der eines Versuchs, bei dem das auserlesene Opfer ganz unverhofft davon gekommen ist. Was bedeutet dem gegenüber das Argument SEUFFERT's, dass wir dem Zufall doch keine Vorbeugung zu machen haben? Lässt des Zufalls Macht sich aus dem Leben und dem Recht überhaupt ganz bannen; hat nicht des Dichters Wort recht:

„Die Bosheit wird durch Tat erst ganz gestaltet".[2])

Und was würde künftig den Richter hindern, nach seinem Ermessen der gegenwärtig geltenden Versuchsbehandlung im einzelnen Falle wieder volle Anwendung zu geben, wenn mildernde Umstände oder ein unbestimmtes Ermässigungsrecht anerkannt werden oder, wie SEUFFERT vorschlägt, das ernstliche Wollen für den Anfangspunkt des strafbaren Versuchs gelten soll?

Wenn ich mit diesem Beispiele recht haben sollte, so würde es auch bewiesen, dass wir bei der Ersetzung unseres bisherigen

---

[1]) Mitteilungen der internationalen kriminalistischen Vereinigung Bd. 10, S. 508.

[2]) KNAVERYS plain face is never seen till us'd, SHAKESPEARE, Othello II. 1.

Rechts durch neue Vorschläge vorsichtig sein müssen. Ist neues nicht evident besser, so sollte die bisherige Bestimmung beibehalten werden; man hat sie in Wissenschaft und Praxis doch schon besser ab- und ausgeschliffen; bei einer neuen müsste diese Arbeit von neuem beginnen, und unliebsame Überraschungen werden da nicht erspart bleiben. Besondere Vorsicht geboten ist bei Übertragung von Vorschriften aus Entwürfen und Gesetzen kleiner Staaten. In einem kleinen Staate gewinnt eine einzelne immerhin tüchtige Arbeit leicht eine überragende Bedeutung, die man ihr in einem grossen Staate bei schärferer Konkurrenz und Kritik nicht zugestehen würde. Auch kann es vorkommen, dass in einem Staate eine laxe, nachsichtige Handhabung ein schlechtgefasstes Gesetz erträglich macht, während eine straffe, energische Handhabung die Fehlerhaftigkeit vieler Bestimmungen in grellem Lichte zeigen würde.

Man hat sich auch zu hüten vor der Neigung, die Strafgesetzparagraphen recht weit und elastisch zu fassen, um keinen irgend strafwürdigen Fall den Maschen des Gesetzes entschlüpfen zu lassen.

Dabei kann es nicht ausbleiben, dass dann auch völlig unschuldige Handlungen der Anklage und Strafe verfallen, dass die Wirkung der Rechtsjustiz sich andererseits gerade da abschwächt, wo sie am nötigsten ist. Es ist immerhin besser, eine geringe Anzahl strafwürdiger Handlungen straflos zu lassen, als eine grosse Anzahl unbedeutender Handlungen als Verbrechen zu behandeln. Wie solche allzu elastische Paragraphen eine böse Gabe sind für die Justiz, die sie diskreditieren, so pflegen sich auch hervorragende Mitglieder verschiedenster Parteirichtung aus politischen Gründen dagegen zu erklären — und mit Recht.[1])

[1]) Höchst bedenklich scheint namentlich die neuestens bemerkbare Neigung, ganz unbestimmte Gefährdungsdelikte zu konstruieren. Vergl. insbesondere den Art. 59 des schweizerischen Entwurfs: „Wer einen Menschen wissentlich und gewissenlos in unmittelbare Gefahr für Leib oder Leben bringt, wird mit Zuchthaus bis zu 3 Jahren (!) oder mit Gefängnis nicht unter 3 Monaten bestraft . . .“ Wohin man damit unter Anwendung der herrschenden Kausaltheorie, der zufolge Zustimmung und eigene Schuld des Gefährdeten belanglos ist, kommen würde, ist kaum zu ermessen. Luftschiffer, Nordpolfahrer, ja Dachdecker, die Lehrlinge benützen, würden nach dem Wortlaut eines solchen Paragraphen meist straffällig sein, da sie andere Personen zu gefährlichen Unternehmungen und Hantierungen veranlassen. Dem Fortschritt in der Medizin, insbesondere

Ferner wird man der jetzt weit verbreiteten Neigung nicht nachgeben dürfen, welche überall neue Strafgesetze verlangt, wo irgend kleine Rechtsverletzungen sich zeigen oder auch nur eine weitgehende Empfindlichkeit berührt wird.[1]) Man vergisst dabei, dass jede Strafe die Heilung eines Übels mit einem Übel ist, dass Strafgesetze nicht von selbst sich verwirklichen, vielmehr überall der Strafprozess mit seinen mannigfachen Unbequemlichkeiten, Eingriffen und möglichen Missgriffen zu berücksichtigen ist. Manche kleine Unbequemlichkeiten und Rechtsverletzungen müssen ertragen werden, oder es kann dabei der Zivilprozess die bessere Abhilfe gewähren. Die beständige Angst, den Strafgesetzen und dem Staatsanwalt zu verfallen, hat schliesslich einen üblen Einfluss auf den Volkscharakter.

Rücksichten der Bequemlichkeit und selbst des leichteren Überblicks müssen sodann zurücktreten gegenüber der innerlich richtigen Behandlung des Strafgesetzes. So müsste ich es für einen Fehlgriff erklären, alle in anderen Reichsgesetzen sich findenden Strafbestimmungen in das Strafgesetzbuch aufzunehmen. Da fast alle irgend erheblichen Gesetze mit Strafbestimmungen ausgestattet werden, würde bei dem fortwährenden Arbeiten der Gesetzgebung das Strafgesetzbuch in jener Hinsicht doch bald recht unvollständig werden. Abgesehen aber hiervon würde man ein bei jenen besonderen Strafbestimmungen, die nur ein Annex anderer Rechtsmaterien sind, jetzt vorhandenes wichtiges Interpretationsmittel beseitigen. Auch würde ich es für einen Fehler halten, da an ein umfassenderes Reichspolizeistrafgesetzbuch schwerlich zu denken ist — die Ausarbeitung eines solchen Gesetzbuchs stösst in einem Bundesstaate auf besondere Schwierigkeiten — den von den Übertretungen handelnden Abschnitt aus dem Gesetzbuche zu entfernen. Es ist doch nur Deklamation, wenn man es unan-

der Chirurgie, muss eine solche Bestimmung ein böses Hindernis bereiten — zum Schaden der Menschheit. Man beachte auch die Einschüchterung, welche eine einzige das Gesetz irrig anwendende Entscheidung bewirken kann. Gesetze, die irrige Entscheidungen leicht veranlassen können, sind verfehlte Gesetze.

[1]) Ein besonderes Strafgesetz zum Schutze des sogen. Rechtes am eignen Bilde — richtiger Gesetz gegen unbefugtes Porträtieren mittels Photographie (oder auch durch Zeichnen und Malen?) — halte ich aus mehreren der im Texte hervorgehobenen Gründe für einen bösen Missgriff, der sich arg rächen würde.

gemessen findet, dass in einem Gesetzbuche, das von schweren Verbrechen handelt, nun auch z. B. von dem Verbote zu schnellen Fahrens und Reitens in Städten oder Dörfern die Rede ist; unangemessen würde es freilich sein, wenn, wie es in dem strafrechtlichen Teile des preussischen allgemeinen Landrechts der Fall war, die Übertretungen in buntem Gemenge mit den schweren Verbrechen behandelt werden würden. Erstens sinken manche Straftaten nur deshalb zu Übertretungen herab, weil sie, obschon ihrem sonstigen Tatbestande nach Verbrechen oder Vergehen, quantitativ einen zu geringen Schaden anrichten; der quantitative Unterschied wird zu einem qualitativen. Abstrakt betrachtet, ist rechtswidrige Aneignung einiger Äpfel oder Pflaumen zum baldigen Verzehr Diebstahl; aber mit gutem Grunde behandelt man solche Aneignung doch nur als Übertretung, während gleichwohl die innere Verwandtschaft der Straftaten zu beachten und daher ein Hinauswerfen der Strafbestimmungen über solche Übertretungen aus dem Strafgesetzbuche ein Fehler ist. Für ein besonderes Gesetz ist sodann der Stoff, der hier als Reichsrecht erscheinen würde, voraussichtlich nicht umfangreich genug, und bei einem Ausscheiden des Abschnittes 29 des besonderen Teils des Strafgesetzbuchs würden vermutlich starke partikulare Strömungen sich geltend machen, von dem Kerne vom Reichspolizei-Strafrecht, den wir jetzt in diesem 29. Abschnitte besitzen, möglichst viel zum Vorteil der Landesgesetzgebung abzubröckeln, während es doch z. B. wohl ein Glück ist, dass nicht jeder der deutschen Bundesstaaten in seiner Landesgesetzgebung einen besonderen Paragraphen über den groben Unfug besitzt.[1])

Das Gesagte schliesst aber keineswegs aus eine höchst wünschenswerte Prüfung der in anderen Reichsgesetzen enthaltenen Strafbestimmungen in der Richtung, ob ihre Grundsätze auch im Einklang stehen mit den allgemeinen Bestimmungen und verwandten besonderen Bestimmungen des Strafgesetzbuchs, und ebensowenig dürfte eine Revision des 29. Abschnitts des Strafgesetzbuchs ausgeschlossen sein, eine Revision, die auch zu einer Vervollständigung des Reichspolizeistrafrechts führen könnte.

---

[1]) Auch der Entwurf eines schweizerischen Strafgesetzbuchs enthält einen von Übertretungen handelnden Abschnitt, und ebenso das jetzt so viel gerühmte norwegische Strafgesetzbuch.

Eine gesetzliche Entscheidung vielbekannter und langjähriger Kontroversen wird vermutlich von vielen Seiten verlangt werden, natürlich mit dem begreiflichen Wunsche, die eigene Ansicht gesetzlich sanktioniert zu sehen. Hier ist grösste Vorsicht erforderlich. Die gesetzliche Entscheidung solcher Kontroversen erweist sich nicht selten als bösartige Kasuistik, als Drachensaat noch schlimmerer Kontroversen, während Wissenschaft und Praxis doch nach und nach die richtige Lösung der früheren Kontroversen bringen könnten. Verhindert muss es aber möglichst werden, dass nicht Entscheidungen des höchsten Gerichts als infallible Dogmen gelten, und dass gar aus weniger sorgfältig gefassten Gründen an sich richtiger Entscheidungen des höchsten Gerichts die Praxis der nachstehenden Gerichte fehlerhafte Entscheidungen schöpft. In dieser Hinsicht ist unser Gerichtsverfassungsgesetz verbesserungsbedürftig. Wäre es möglich, eine Handhabung des Strafgesetzes herbeizuführen, welche weniger an eine abstrakte Logik und an den Buchstaben des Gesetzes sich hielte, dagegen mehr berücksichtigte das allgemeine Rechtsbewusstsein und die praktischen Folgen, die Lebensbedürfnisse, so könnte zur Zeit ein Strafvollzugsgesetz in Verbindung mit der Verbesserung einer Anzahl Hauptmängel des gegenwärtigen Gesetzes einem weitaussehenden vollständigen Reformgesetze vielleicht vorzuziehen sein.

Allerdings brauchte deshalb die Arbeit für das letztere umfassende Gesetz keineswegs eingestellt zu werden. Es wäre vielmehr gut, auch diese Arbeit fortzuführen, um ihre Ergebnisse demnächst in Erwägung zu ziehen. Aber anderenfalls sollte das umfassende weitaussehende Gesetzgebungswerk doch kein Hindernis sein, jetzt Verbesserungen einzuführen, für welche Einigkeit oder nahezu Einigkeit bereits gegenwärtig zu erreichen wäre.

Ein Gesetzbuch, aufgebaut auf durchaus neue, noch nicht erprobte Theoreme, würde vermutlich an dem Widerstande der Volksvertretung scheitern; käme es zustande, so würde es ein schweres Wagnis sein. Gerade im Strafrecht ist Anschluss jeder Reform an die geschichtliche Entwicklung, an das allgemeine Rechtsbewusstsein, Sicherung auch gegen Missgriffe der Strafgewalt selbst von schwerwiegendster Bedeutung. Erfolgt die Reform in diesem Sinne und kann sie zugleich den modernen Lebensverhältnissen mehr als das gegenwärtige Recht entsprechen, kann sie insbesondere, was die neue Schule mit Recht hervorhebt, in einer grösseren Anzahl von Fällen den einzelnen Verbrecher bessern und im Notfalle in schonender Weise unschädlich machen, ohne gegen jene Grundsätze zu verstossen, welche die sogen. klassische Schule verteidigt, so wird sie nicht nur für das Deutsche Reich ein Segen, sondern auch ein internationales Vorbild werden können.

Dass die Strafjustiz das Verbrechen ausrotte oder nur den Rückfall in das Verbrechen verhindere, ist unmöglich. Das Strafrecht ist nur **ein** Faktor in der Verhinderung des Verbrechens, ein unumgänglicher, aber vielleicht nicht der wirksamste. Seine soziale Schuldigkeit kann das Strafrecht nur tun, wenn man es nicht mit sozialen Aufgaben belastet, die seinem besonderen Charakter widerstreiten.

Anhang.

Über folgende Punkte möchte ich mich in der Kürze zusammenfassend äussern:

I. Betreffend das Strafensystem, so wäre

1. die Todesstrafe[1]) nur beizubehalten
   a) für die Fälle des Str.-G.-B. § 80; für die Fälle des Versuchs aber nur, sofern eine bedeutendere Verletzung des Kaisers oder des Landesherrn erfolgte;
   b) für den Fall, dass ein zu lebenslänglicher Freiheitsstrafe Verurteilter einen Mord begeht;
   c) für den Fall, dass der Schuldige wegen mehrerer Morde oder wiederum wegen Mordes verurteilt wird, nachdem er bereits auf Grund eines inländischen Urteils wegen Mordes eine Strafe ganz oder teilweise erlitten hatte.

II. Folgende Arten von Freiheitsstrafen bezw. Strafanstalten wären beizubehalten bezw. einzuführen:

1. Haft für Übertretungen, soweit nicht Geldstrafe stattfindet — also namentlich für den Fall der Zahlungsunfähigkeit bei Geldstrafen, die wegen Übertretungen erkannt wurden — oder soweit nicht auf Arbeitshaus erkannt wird.
2. Gefängnis für Verurteilte, denen man die bürgerlichen Ehrenrechte belässt, bezw. denen nur die bekleideten Ämter und nur

[1]) Es scheint nicht, dass die im Deutschen Reiche seit 1878 wieder in zahlreichen Fällen vollzogenen Hinrichtungen einen günstigen Einfluss auf die Verringerung der Zahl der Mordfälle gehabt haben.

zeitweilig die öffentlichen Wahlrechte oder das Recht, öffentliche Ämter zu bekleiden, entzogen werden; für kurzzeitige Strafen mit Einzelhaft.[1]) Bei Haft unbedingt im Falle der Zahlungsfähigkeit das Recht der Selbstbeköstigung, der völlig freien, nur durch Rücksicht der Ordnung und Sicherheit des Gefängnisses Beschäftigung, bei Gefängnis nach Massgabe des richterlichen Urteils.

3. Zuchthaus für Verurteilte, denen man dann die bürgerlichen Ehrenrechte in weiterem Umfange, als zu 2. vorgesehen ist, aberkennt. Für die erste Zeit unbedingt Einzelhaft; der Richter kann im Urteil bestimmen, dass später auch nur mit Zustimmung des Verurteilten von der Einzelhaft abgesehen werden darf.

   Bei 2 und 3 ein gewisses Progressivsystem, bedingte Entlassung in ausgedehnterem Maſse möglich als gegenwärtig.

4. Für jugendliche Verbrecher
   a) besondere Anstalten oder Räume zur Verbüssung kürzerer Freiheitsstrafen,
   b) Korrektionsschulen.
5. Anstalten für Personen mit vernachlässigter Erziehung oder besonders zurückgebliebener Bildung oder mit besonderen Gebrechen (vergl. oben S. 8).
6. Arbeitshausstrafe für professionelle Bettler und ähnliche Personen (die Haftstrafe würde hier besser fortfallen). Diese Strafe würde in gewissem Umfange als unbestimmte, von dem Ermessen einer zu diesem Zwecke zu organisierenden Kommission in ihrer Dauer abhängenden Strafe zu erkennen sein.

Die Festungshaft würde als entbehrlich wegfallen. Über Geldstrafen vergl. oben S. 9/10.[2])

III. Die im Strafgesetzbuche über den Ausschluss der Anwendung der Analogie und des Gewohnheitsrechtes enthaltenen Grundsätze wären meines Erachtens durchaus beizubehalten.

---

[1]) Aus Gesundheitsrücksichten würde selbstverständlich die Gefängnisverwaltung immer von der Einzelhaft Abstand nehmen müssen.

[2]) Der Verweis dürfte als angemessene Strafe nur für geringfügige Fälle beibehalten werden, unter der Voraussetzung, dass der Angeklagte sich schuldig bekannt hat. (Er könnte dann aber auch zuweilen gegen Erwachsene angewandt werden.) Der Verweis muss sofort erteilt werden können mit der Eröffnung des Urteils. Soll er erst erteilt werden nach Ablauf der Rechtsmittel-Frist, so wird er zu einer zwecklosen Formalität

IV. Im wesentlichen — vorbehaltlich einiger Verbesserungen im einzelnen — wäre festzuhalten an den Grundsätzen des Str.-G.-B. §§ 3—7, 9, 38 über die internationale Anwendung des Strafgesetzes.

Diese Grundsätze, wesentlich beruhend auf den einschlagenden mit Sorgfalt erwogenen Bestimmungen des preussischen Strafgesetzbuchs, sind in den Hauptpunkten übereinstimmend mit den (allerdings vollständigeren, zum Teil auch genauer gefassten) Beschlüssen des Instituts für internationales Recht (vergl. Annuaire de l'Institut de droit international, 7ème année, Session de Munich 1884, S. 156ff.).

Das mehrfach in neuester Zeit wieder empfohlene Real- oder Schutzprinzip, demzufolge die inländische Strafgewalt sich allgemein auch erstrecken soll auf Handlungen der Ausländer im Auslande, sofern diese Inländer (oder inländische Rechtsgüter?) verletzen, nützt in der praktischen Anwendung wenig, da ein Ausländer in solchen Fällen unserer Strafgewalt nicht ausgeliefert wird, und führt nicht selten zu schwierigen, zuweilen kaum löslichen, zuweilen selbst sonderbaren Untersuchungen über die Frage, wer der Verletzte sei.[1]) Es verstösst zugleich gegen Grundsätze des Völkerrechts, da der Ausländer im Auslande der Souveränetät und daher auch den Gesetzen unseres Staates nicht unterworfen ist, wie gegen Grundsätze des Strafrechts, insofern jemand nach Gesetzen beurteilt werden soll, die er zu kennen meist nicht die mindeste Veranlassung hatte.[2]) Da sodann im Völkerrechte der Grundsatz der Reziprozität Geltung hat, so büsst bei Annahme des Schutzprinzips der Deutsche gerade die Sicherheit vollständig ein, wegen der im Deutschen Reiche von ihm innegehaltenen Handlungsweise eintretenden Falles bei einem etwaigen Aufenthalte im Auslande nicht vor den dortigen Gerichten nach den Gesetzen des Aus-

---

[1]) Z. B. war der in einem Pariser Restaurant gestohlene Überzieher Eigentum eines Deutschen? Und wie wenn der Deutsche diesen Überzieher gerade zuvor mit dem eines Franzosen oder Engländers vertauscht hätte? — Wer sind oft bei einem strafbaren Bankerotte die eigentlich Geschädigten?

[2]) Man kann zwar die materielle Unbilligkeit vermeiden, indem man das am Orte der Handlung geltende Gesetz anwendet, wenn es das mildere ist, verwickelt sich aber dann in weitere Schwierigkeiten. Die prozessuale Unbilligkeit der Unterwerfung unter einen Gerichtsstand, der weder derjenige des Orts der Handlung noch derjenige der Heimat des Angeklagten ist, bleibt aber.

landes zur Verantwortung gezogen zu werden.[1]) In krassen derartigen Fällen kann jetzt jedenfalls diplomatischer Schutz des Deutschen Reiches eintreten; wird das sogen. Schutzprinzip bei uns angenommen, so hört die Möglichkeit diplomatischen Schutzes dagegen auf.

Der Schutz der Deutschen im Auslande ist und soll sein ein diplomatischer; ein strafrechtlicher Schutz im Auslande durch das deutsche Strafgesetz ist meines Erachtens ein Zerrbild; in zivilisierten Staaten wird ja auch nicht danach unterschieden, ob der Verletzte ein Inländer oder ein Ausländer ist. Strafverfolgungen aber in einem ausländischen Staate, in dessen Territorium die Handlung nicht begangen ist, sind in einer Zeit des Nationalitätenhasses im äussersten Maſse bedenklich. Ich kann es allenfalls begreifen, dass jemand sich für das Prinzip des sogen. Weltstrafrechts erwärmt, demzufolge prinzipiell alle schweren Verbrechen überall strafbar sein sollen, obwohl verschiedene Gründe auch gegen dieses Prinzip sprechen. Das Prinzip aber, demzufolge die Person des Verletzten entscheiden soll, ist ein absolut engherziges.

Dass das sog. Schutzprinzip bei Staatsverbrechen als Notrecht Anwendung findet, erklärt sich daraus, dass die Staaten sich hier zur Zeit noch keinen oder doch keinen ausreichenden gegenseitigen Strafschutz gewähren.

V. Die in neuester Zeit vorgeschlagene, in das französische Strafrecht zurückführende, prinzipiell gleiche Bestrafung der sämtlichen Teilnehmer eines Deliktes halte ich für einen Irrweg. Mag es auch in zahlreichen Fällen schwer sein, die verschiedenen Arten der Teilnahme zu unterscheiden, so stellen doch allmählich sich immer mehr leitende Gesichtspunkte heraus, die einem schrankenlosen richterlichen Ermessen vorzuziehen sind, das in der jedenfalls als notwendig anzuerkennenden Zulassung mildernder Umstände liegt,

---

[1]) Man denke an folgenden Fall. Im Lande A. herrscht gegen Deutschland und Deutsche eine sehr erbitterte Stimmung. Zwei Angehörige des Landes A. halten sich im Deutschen Reiche auf. Nennen wir sie X. und Y. Y. begeht daselbst gegen X. ein schweres Verbrechen, weiss aber Verdacht auf den Deutschen M. zu lenken. Die deutschen Behörden erachten den Verdacht nicht ausreichend für den Beginn einer Untersuchung. M. sieht später sich genötigt, eine Geschäftsreise nach A. zu unternehmen. Hier wird er wegen des angeblichen im Deutschen Reiche begangenen Verbrechens verhaftet und von den gegen alle Deutschen mit Hass erfüllten Geschworenen verurteilt!

wenn nach Ansicht des Richters die Mitwirkung des einzelnen Teilnehmers eine unbedeutendere war.

VI. Für die Verjährung der Strafverfolgung würde sich m. E. die Aufnahme einer Bestimmung empfehlen, der zufolge für Delikte, die einen äusserlich wahrnehmbaren, längere Zeit bleibenden Tatbestand nicht herbeigeführt haben, eine besonders kurze Verjährungszeit eingeführt würde. Insbesondere würde solche kurze Verjährungszeit angemessen sein für Beleidigung durch mündliche Rede.[1]) Der Beweis ist hier nach längerer Zeit, da man fast lediglich auf das unsichere und häufig beeinflusste Erinnerungsvermögen oft nicht einmal einwandsfreier Zeugen angewiesen ist, meist nur ein problematischer. Andererseits ist der Schaden des Verletzten in Fällen, wo die Entdeckung erst spät erfolgt, meist geringfügig oder rein imaginär.

VII. Eine Änderung des Strafgesetzes über den Zweikampf wenigstens in dem Sinne, dass eine besondere strenge Strafe denjenigen trifft, der in besonders leichtfertiger oder mutwilliger Weise oder aus besonders verwerflichen Beweggründen eine Herausforderung vornimmt oder absichtlich veranlasst, bezw. einen Zweikampf herbeiführt, wird auch von denjenigen nicht zurückgewiesen werden können, die den Zweikampf für gewisse Fälle als moralisch gerechtfertigt oder entschuldigt ansehen, und neben der Strafbestimmung gegen die Anreizer zum Zweikampfe (§ 210 d. Str.-G.-B.) wäre eine Strafbestimmung aufzunehmen gegen diejenigen, welche jemandem wegen eines abgelehnten Zweikampfes oder einer nicht vorgenommenen Herausforderung Verachtung bezeigen, und zwar müsste die Strafverfolgung hier von dem Strafantrage des Betroffenen unabhängig sein; denn gerade die Furcht vor solchen nachträglichen Verachtungsbezeigungen veranlasst zahlreiche Zweikämpfe.[2])

VIII. Eine gewisse, nicht gerade als Ruhmestitel geltende Celebrität, auch im Auslande, hat die deutsche Strafjustiz erlangt durch die häufigen Prozesse wegen Majestätsbeleidigung.

In vielen derartigen Fällen wird die in völlig unüberlegter Weise, häufig in besonderer Aufregung, zuweilen im Zustande ver-

[1]) Für besonders kurze Verjährungszeit erklärt sich hier auch KÖHLER, Reformfragen des Strafrechts (1903) S. 62.

[2]) Bei dem Zweikampfe wird das wahre Motiv sich meist unschwer feststellen lassen. Das Delikt wird mit einer gewissen, dem Gegner und dem Kartellträger gegenüber beobachteten Offenheit begangen.

minderter Zurechnungsfähigkeit gemachte Äusserung gegenüber der erhabenen Stellung des Reichs- oder Staatsoberhauptes bedeutungslos sein, und im schnellen und vertrauten Privatgespräche wird ein gewisses „Lubricum linguae“, wie schon die römischen Juristen sagten, verzeihlich sein, zumal der Redende meist bald selbst bereuen wird, was er gesagt hat. Um so mehr aber erscheinen moralisch verwerflich jene vom Hass diktierten, oft erst nach längerer Zeit vorgebrachten Denunziationen über Majestätsbeleidigungen, mit denen die deutsche Strafjustiz nach dem gegenwärtig geltenden Recht doch nicht selten sich zu befassen gezwungen ist. Die Einführnng einer kurzen Verjährungszeit würde hierin schon manches bessern; sie ist auch bei der Unzuverlässigkeit des Beweises über nur mündliche Äusserungen zu empfehlen, und nur gesprochene Worte verlieren immer mehr an Bedeutung, je längere Zeit verstrichen ist, seit sie geäussert wurden.

Das Wesentliche der meisten Majestätsbeleidigungsfälle aber ist eine Verletzung des monarchischen und patriotischen Gefühls Anderer, in deren Gegenwart die Äusserung fällt. Ob nun eine solche Verletzung ihm wirklich von Bedeutung war, das muss den Hörenden bald klar werden; er muss daher, wenn er Genugtuung für diese Verletzung für angemessen erachtet, auch bald — etwa binnen einer Woche — den erforderlichen Schritt tun; späterhin wäre eine Denunziation nicht mehr zu beachten. Ausserdem ist es zweckmässig, ausser in besonders schlimmen Fällen, Äusserungen, die im engsten Verkehr gefallen sind, nicht zu beachten. Danach erscheint es angemessen, für die Verfolgung regelmässig zu fordern, dass die Äusserung erfolgt sei in Gegenwart von mindestens drei unbescholtenen Personen, von denen eine die Bestrafung beantragt, oder dass der Chef der Justizverwaltung den Fall für erheblich erachtet und seinerseits einen Antrag auf Bestrafung stellt. Man könnte der Ansicht sein, einfach dadurch eine Remedur herbeizuführen, dass für die Strafverfolgung ein Strafantrag oder eine Ermächtigung des Justizministers (des Staates, in dessen Gebiet sie begangen wurde) erfordert würde. Man würde indes damit dem Justizminister, da sich leitende Gesichtspunkte für die Fälle, in denen Bestrafung einzutreten hätte, für die Dauer nicht würden auffinden lassen, eine zu grosse Verantwortlichkeit aufbürden, und ein sehr bedeutendes Schwanken, wie eine grosse Verschiedenheit in der Behandlung der

Majestätsbeleidigungsfälle würde unausbleiblich sein. Wenn dagegen die gewöhnlichen und leichteren Fälle schon deshalb der Strafverfolgung entzogen werden, weil sie kein Ärgernis erregt haben und daher die bezeichnete formelle Anzeige nicht erfolgt ist, so ist damit von selbst gegeben, dass der Justizminister in gleichgearteten Fällen nicht einschreiten soll, sein Einschreiten vielmehr nach Absicht des Gesetzes auf die wirklich bedeutenderen Fälle, z. B. auf Fälle, wo dem Landesherrn eine ehrenrührige Handlung zur Last gelegt wäre, beschränkt sein soll. Ein Einschreiten ohne weiteres von Amts wegen hätte ausserdem stattzufinden, wenn die Äusserung öffentlich oder in öffentlich verbreiteten Druckschriften oder absichtlich gegen einen im Dienst befindlichen Beamten oder eine im Dienst befindliche Militärperson erfolgt wäre.

GPSR Compliance

The European Union's (EU) General Product Safety Regulation (GPSR) is a set of rules that requires consumer products to be safe and our obligations to ensure this.

If you have any concerns about our products, you can contact us on ProductSafety@springernature.com

In case Publisher is established outside the EU, the EU authorized representative is:

Springer Nature Customer Service Center GmbH
Europaplatz 3
69115 Heidelberg, Germany

Batch number: 10845480

Printed by Printforce, the Netherlands